PreK-1

I Am a ?

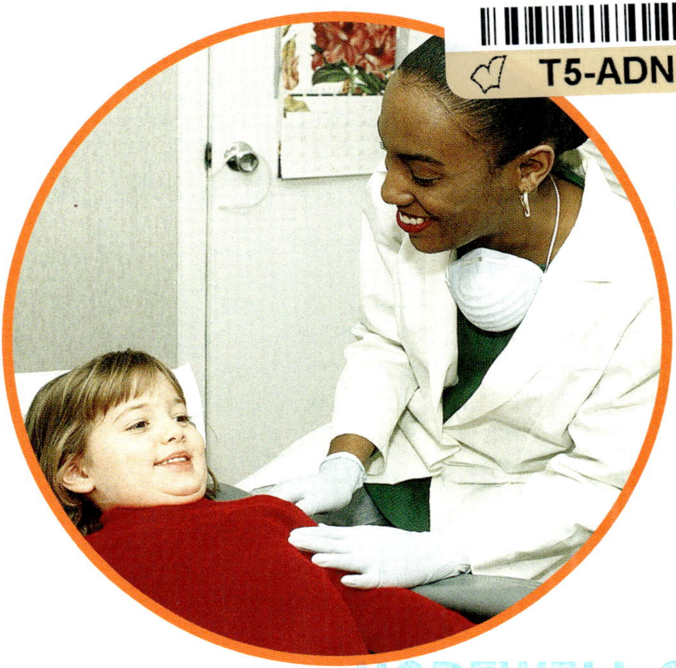

by Mickey Daronco

I am a 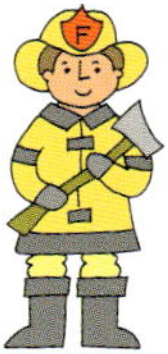 .

fire fighter

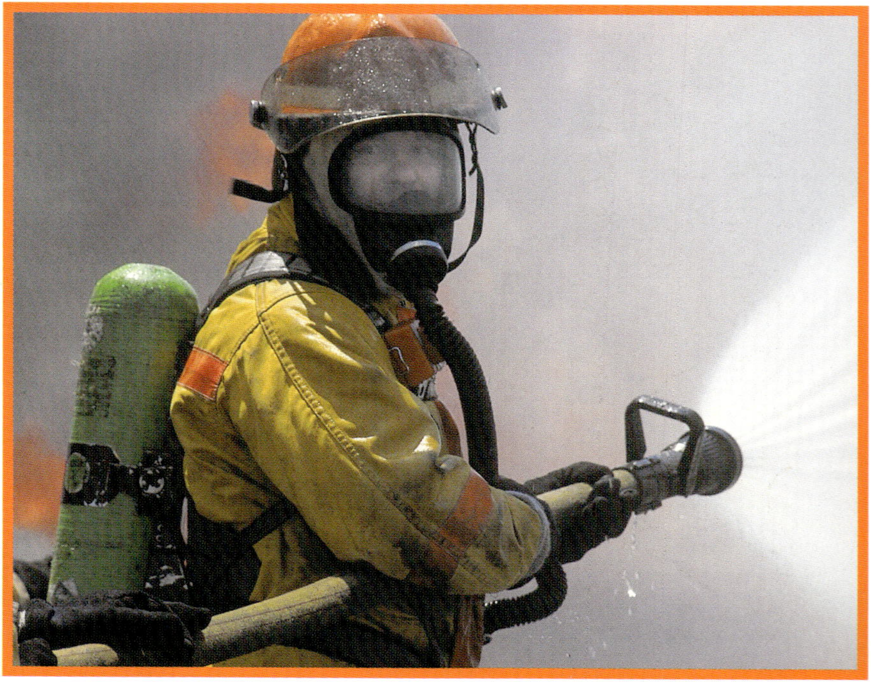

I am a .

crossing guard

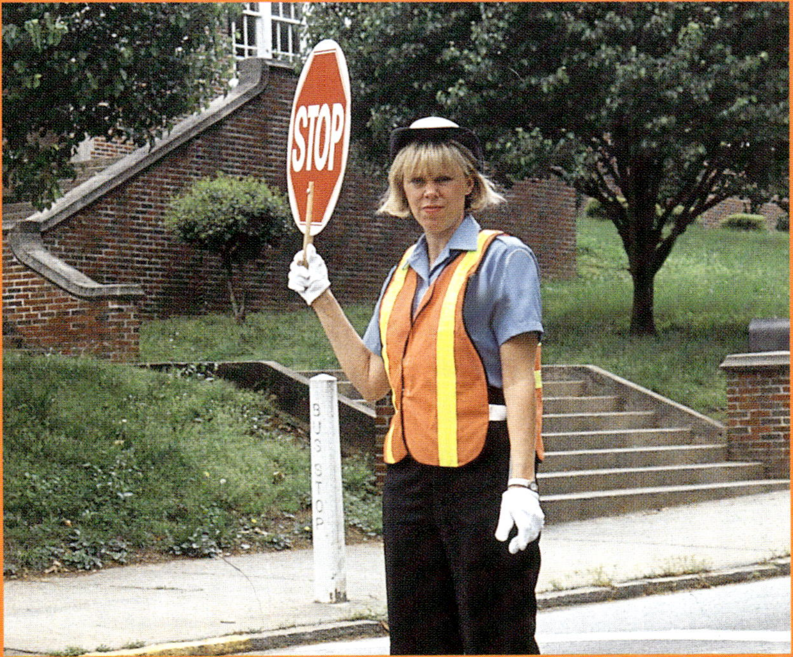

I am a 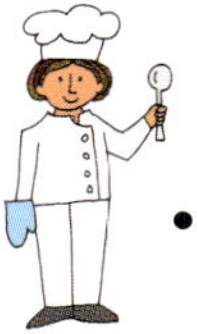 .

chef

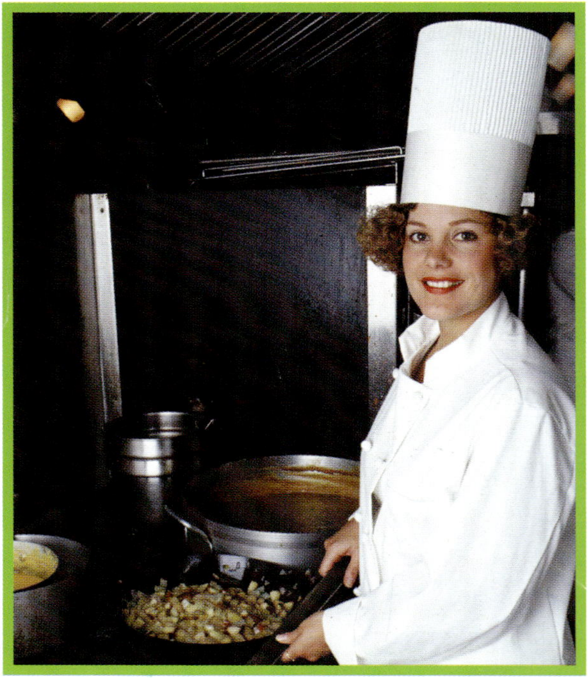

I am a 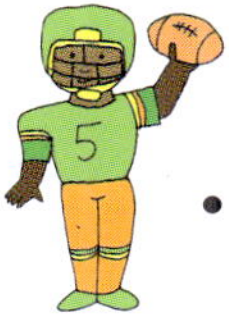

.

football player

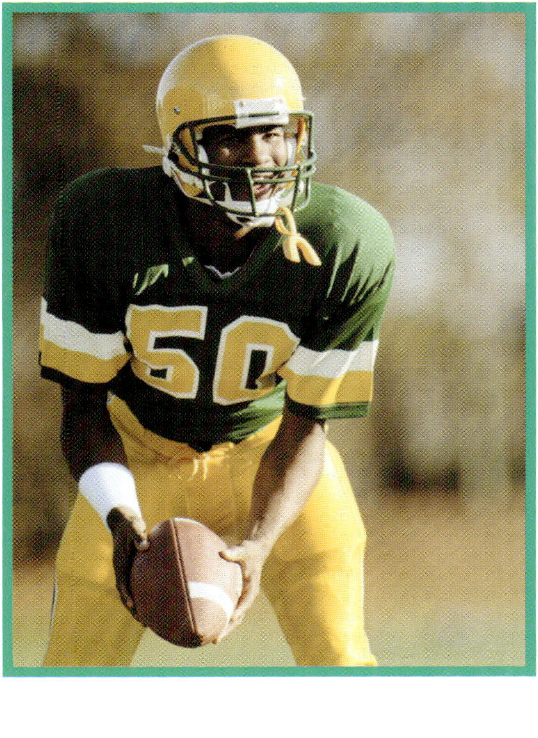

I am a 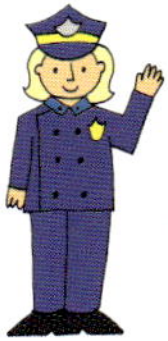 .

police officer

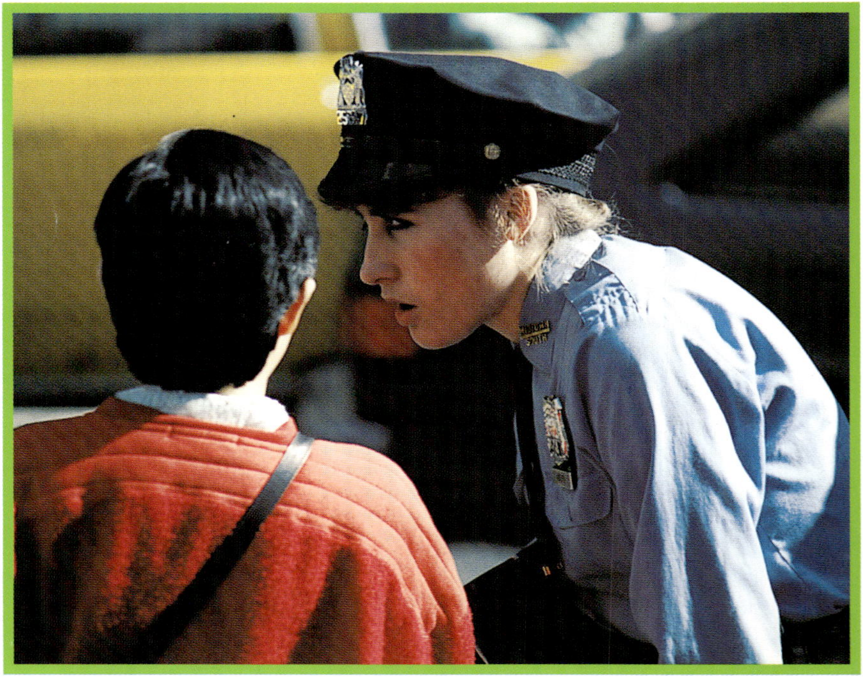

I am a 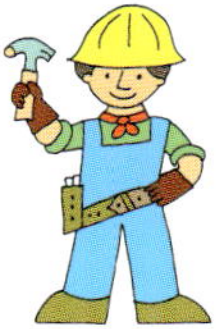 .

builder

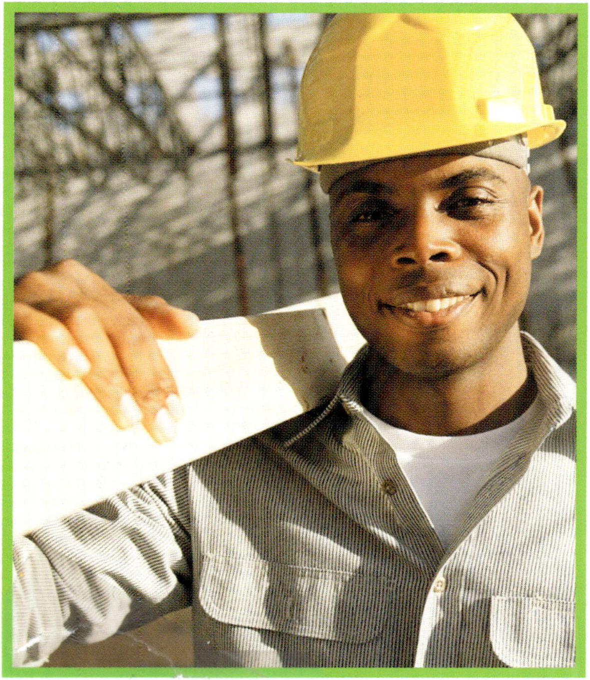

I am a 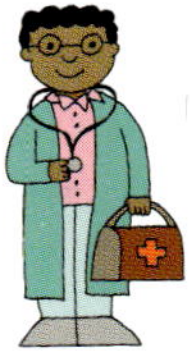 .

doctor

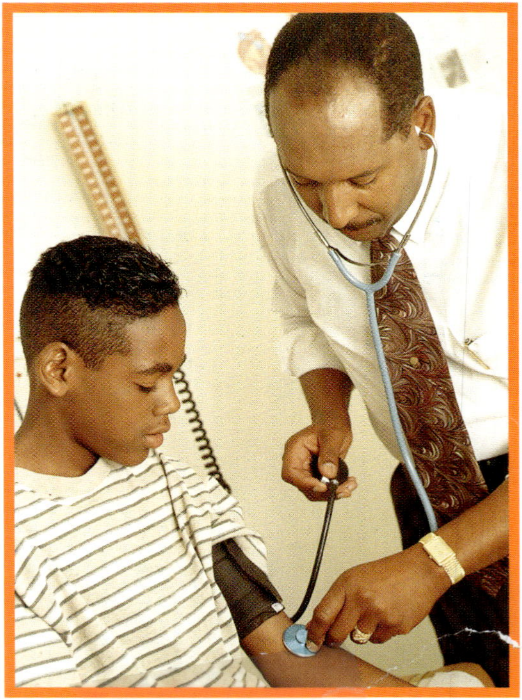